Daniel Gabarró

5 VALORS

per crear

RIQUESA

Com generar riquesa i prosperitat expressant els nostres valors èticament?

VALORS EMPRESARIALS

- BOIRA EDITORIAL -

Daniel Gabarró

5 VALORS
per crear
RIQUESA

ISBN: 978-8-41-521890-6
Dipòsit legal: L 1519-2015

A *danielgabarro.cat* trobareu més recursos, molts d'ells gratuïts. També hi trobareu d'altres llibres d'aquesta sèrie com ***Empresa i espiritualitat*** i ***Lideratge Conscient***, ambdós de Daniel Gabarró.

Si aquest llibre us ha estat útil, no dubteu a difondre'l: el coneixement no és un secret!

També trobareu més recursos gratuïts: llibres, PDF, vídeo-cursos... a *danielgabarro.cat* i a *campusdanielgabarro.com*

Dedico aquest llibre a totes les persones que m'han ensenyat els secrets interiors. Són els realment importants. Gràcies.

Qui condiciona
l'expressió dels
seus valors, no
pot obrir la porta
de l'abundància

- Gerardo Schmedling -

Autors:

Daniel Gabarró Berbegal *(Barcelona, 1964)*

(Barcelona, 1964). Diplomat en direcció i organització d'empreses, mestre en cinc especialitats diferents, psicopedagog, llicenciat en humanitats i expert en PNL (programació neurolingüística). Actualment exerceix d'empresari, com a mestre de vida, conferenciant i formador. Especialitzat en temes d'espiritualitat i consciència, tant a nivell individual, com per empreses i d'altres organitzacions. Té diversos llibres i materials publicats. Participa habitualment en diversos mitjans de comunicació com, per exemple, *L'ofici de viure* i *L'ofici d'educar* de Catalunya Ràdio. Més informació a ***danielgabarro.cat***, a ***valorsempresarials.cat*** i a ***campusdanielgabarro.com***

Montserrat Palau Aresté *(Lleida, 1973)*

Llicenciada en Publicitat i Relacions Públiques —amb 3 anys de Periodisme— i amb un màster en Direcció de Comunicació Empresarial i Institucional per la Universitat Autònoma de Barcelona. Experta en comunicació empresarial que va emprendre la seva pròpia agència de comunicació l'any 2004, des de la qual desenvolupa la tasca de responsable de premsa i comunicació en diverses pimes. Periodista, Social Media Manager i creadora de continguts; a més de col·laboradora en revistes sectorials i editorials. Més informació a *www.montsepalau.cat*.

Índex

1. Pròleg

Aquest llibre vol donar-te eines concretes que et serveixin per relacionar-te amb els diners i la feina de forma abundant, pròspera i feliç.

La riquesa és la filla inevitable de cinc valors concrets: te'ls vull mostrar. A més, vull fer-ho amb un text curt i concentrat, que ofereixi idees i recursos concrets de la forma més sintètica possible. Vull anar al gra.

El que explico en aquestes pàgines no és teoria, sinó el que he comprès i comprovat en la meva vida. **Sé que és real perquè ho aplico i en veig els resultats.**

En el passat, jo mateix vaig ser una persona que no em sentia abundant. No importava la quantitat de diners que tingués, no sentia cap seguretat econòmica. Això va canviar quan vaig descobrir-ne el secret.

I el secret és, bàsicament, un canvi interior. **La prosperitat, l'abundància i la riquesa s'inicien al nostre interior abans de plasmar-se a l'exterior.**

I, en aquest llibre, et vull explicar com fer aquest canvi.

Tant de bo que aquest llibre et serveixi d'inspiració i d'utilitat per gaudir d'una vida més pròspera i feliç.

Daniel Gabarró
Sherpa espiritual i Empresari

info@danielgabarro.com
www. danielgabarro.cat
www. campusdanielgabarro.com

2.

Propòsit del llibre

És un dia qualsevol. Et lleves per anar a la feina i ja fa dies que et planteges:

- Vull aconseguir més prosperitat, més èxit professional.

- Vull créixer laboralment.

- Hi ha quelcom que em bloqueja per prosperar i créixer, vull saber què és.

- I sobretot, com puc fer-ho per assolir aquesta riquesa i prosperitat?

Aquest llibre pretén donar-te **eines per potenciar la teva vida professional i econòmica:** ja siguis un treballador assalariat [1], un autònom, un empresari —un cap— o un comandament intermedi. **També podràs millorar la teva vida personal,** ja que moltes d'aquestes eines les podràs aplicar al teu dia a dia. Però, majoritàriament, ens referirem a la vida laboral.

La teva jornada laboral és almenys un terç del dia. No creus que val la pena ser feliç durant aquest temps? El propòsit d'aquest llibre és ajudar-te a ser feliç i a fer les paus amb els diners per tal que siguis pròsper i feliç.

Tot és qüestió d'actitud. Almenys en un primer estadi. Després, òbviament, caldrà esforç i a vegades fer un gir de 360º. Però quan el que està en joc és la prosperitat i la felicitat a la feina, tot gir és poc.

Acompanya'm en aquest trajecte per descobrir quins valors poden ajudar-te a prosperar feliçment en la teva vida laboral; que les coses et vagin millor, assumint riscos; que els teus companys pensin que val la pena treballar amb tu. T'ajudaré a dirigir la tristesa, la frustració laboral i el patiment sense raó de ser.

Això sí: caldrà que hi posis tot de la teva part. Recorda: l'actitud és el primer pas. I passar a l'acció... el segon.

Preparat? Preparada? Acció!

---

(1) En alguns punts del llibre fem servir el masculí genèric sabent que és totalment inexacte ja que caldria usar expressions com 'treballador/a assalariat/da'. Et preguem disculpes, ho fem amb la intenció de mantenir el text al màxim de fluid possible.

3.

Riquesa: què significa abundància i prosperitat?

La riquesa és la suma de l'abundància i la prosperitat. Però *abundància* és un concepte diferent al de *prosperitat*. *Abundància* significa **tenir els recursos suficients per cobrir totalment les necessitats pròpies.**

Vull destacar que ser abundant és un concepte totalment subjectiu: les necessitats d'una puça són ben diferents de les d'un gegant. Però si la puça és abundant, tindrà tan cobertes les seves necessitats com el gegant.

Com a éssers humans estem cridats a ser rics i abundants perquè sempre podem tenir el que ens cal per ser feliços, que és la nostra única necessitat. A vegades podem desitjar coses que encara no tenim, però això no ha de ser obstacle per ser feliços amb el que tenim ara i aquí. És més, afirmo que: o som feliços amb el que tenim o no podrem ser mai feliços amb el que tindrem.

Per tant, hem de treballar per encarnar l'abundància a les nostres vides. Només un cop l'hàgim assolit, podrem fer el pas vers la prosperitat.

Per què ser pròsper és encara un pas més? **Perquè prosperitat és aconseguir que les coses vagin cada cop millor.** Ser pròsper està lligat amb el concepte de generar cada cop més riquesa per al món i per als altres, no només de gaudir de la riquesa que ara tenim.

Prosperitat és sinònim de **créixer**, de tenir més, de generar riquesa de forma continuada. **Prosperar és créixer feliçment, exitosament.**

En la vessant econòmica, aquesta paraula es defineix com:

> *"Situació econòmica en què es preveu un augment considerable de la demanda, amb la conseqüent previsió de millors expectatives, que fa que l'activitat econòmica s'incrementi a ritmes creixents".*

En el cas que ens ocupa, el laboral, aquesta definició podria ser:

> *"Situació laboral en què es preveu un augment considerable del creixement, de l'èxit, amb la conseqüent previsió de millors expectatives en la felicitat".*

En aquest llibre t'ensenyem com ser pròsper i abundant, a crear riquesa. T'interessa? Doncs endavant!

4.

El secret: mostrar voluntàriament els valors adequats

La riquesa no pot ser un objectiu *per se* perquè **la riquesa sempre és la conseqüència d'unes causes prèvies.**

El món no és un lloc màgic: al planeta Terra tot obeeix a la llei de causa i efecte. Res no existeix sense la seva causa prèvia: això és pura ciència. Per tant, ens hem de centrar a generar aquestes **causes primigènies que condueixen a la prosperitat com a conseqüència. I aquestes causes són, en essència, mostrar voluntàriament uns valors determinats.**

Si tenim els valors però no els mostrem, no aconseguirem mobilitzar l'exterior i la prosperitat no apareixerà.

Si mostrem uns valors diferents, obtindrem altres resultats positius, però no prosperitat. Si en lloc de valors mostrem antivalors, tot se'ns girarà en contra i tindrem veritables obstacles per ser pròspers i feliços a les nostres vides.

Per tant, **cal conèixer els valors que hem d'expressar i mostrar-los de forma conscient.**

Però abans d'explicitar aquests cinc valors —no pateixis, els desvetllarem immediatament, al proper apartat d'aquest llibre—, ens cal saber exactament què és un valor. Per què? Perquè moltes vegades, les persones estan convençudes de mobilitzar-se a partir de valors i, en canvi, el que estan mobilitzant són contravalors: sí, exactament el contrari. Ja et pots imaginar el resultat: com més es mostren, més s'allunyen de la prosperitat. Llavors entren en un cercle viciós: els mostren amb més insistència —ja que els consideren valuosos i encertats— i cada cop són menys pròspers.

Si no sabem què és un valor, com el podrem mostrar voluntàriament?

Un Valor és un principi d'acció que regeix la teva conducta i que, **quan l'expresses, millora la realitat**.

Un Valor és, necessàriament, quelcom valuós que tens ganes de donar als altres i que ells volen rebre amb el mateix delit amb què tu l'ofereixes. Remarco que, perquè sigui un valor, hi ha d'haver aquest desig recíproc, si no la seva vàlua desapareix, deixa de ser un valor. És a dir, qui el rep ha de valorar-lo i ha de voler rebre el valor que li dónes. Si no el vol, no és valuós per a ell... i ja no és un valor!

I com saber que hem donat el valor correctament? **La verificació és que tu tindràs pau interior en donar-lo i la persona que el rebi l'acceptarà de bon grat.**

Com et comentava, moltes vegades, usem contravalors com si fossin valors. Hi ha coses que jo valoro molt i les vull oferir als altres, però... com que els altres no les valoren, els obligo a viure-les! Llavors imposo els 'meus valors', però la realitat em desmenteix perquè no són valors, sinó contravalors, i l'harmonia del meu entorn es trenca i, possiblement, també la meva pau interior.

Per tant, en aquesta definició hi ha una advertència claríssima: evita oferir valors que els altres visquin com a no desitjables perquè es convertiran en armes, bombes i bales i deixaran de ser valuosos. I es giraran en contra teva; en contra de la teva riquesa i prosperitat.

Finalment, sobre els valors, cal tenir en compte una última cosa important: si et centres a donar, rebràs. Allà on poses l'atenció es multiplica. Per tant, si et centres a donar valors que també són considerats valuosos per les altres persones, aquests valors a la teva vida es multiplicaran i la riquesa arribarà. Tot allò que comparteixes es multiplica. Allò bo i allò dolent; per tant, millor si comparteixes allò bo. Vigila de no compartir agressions, contravalors, o la teva vida també s'omplirà d'això.

En definitiva, el secret per tenir una vida plena de coses valuoses, una vida pròspera, és **compartir els valors adequats de forma voluntària perquè es multipliquin.**

Però quins són aquests valors adequats?

5.

Els 5 valors per aconseguir prosperitat a la feina

Sóc davant el meu ordinador. Abans de construir-lo ja existia a la ment d'algú. Miro al meu voltant i m'adono que això mateix succeeix en totes les realitats humanes: llibres, mobles, màquines, cases... Abans de materialitzar-se, ja existien a la ment d'algú. Abans d'existir un edifici, ja es podia veure en els plànols. Abans de construir una màquina, es pensa i dibuixa el seu disseny.

Tot allò que existeix té les seves arrels en el món mental. Res es fa visible que no hagi existit, prèviament, al món mental, al món invisible de la ment.

També la prosperitat es dissenya. Primer, al món dels intangibles, al món mental. Després es plasma a la realitat. Intentar-ho al revés no donarà resultat.

I **quines són les causes mentals prèvies invisibles de la prosperitat?** Tal com explicàvem al capítol anterior, és l'**expressió conscient i voluntària de 5 valors concrets.**

Hi ha nombrosos valors que pots aplicar a la feina.
Però només 5 tenen una influència directa i potent en la prosperitat i la riquesa.

Tenir-los ben presents ens ajudarà a crear riquesa, assolir l'èxit i treballar més a gust amb un mateix i amb l'entorn. Són els següents:

1. **Confiança**
2. **Compromís**
3. **Lleialtat**
4. **Servei**
5. **Saviesa**

"I ja està?", et preguntaràs. Doncs no; no n'hi haurà prou amb mostrar voluntàriament aquests 5 valors, també caldrà tenir en compte aquelles situacions que provoquen bloqueig a la prosperitat. Aquells moments o aquelles actituds que no et deixen prosperar. Aquest tema també l'abordarem més endavant, després d'analitzar els 5 valors fonamentals de la prosperitat. Perquè expressar un valor és quelcom molt concret i específic i hem de saber com fer-ho.

Ambdós temes —valors que generen prosperitat i com eliminar els bloquejos econòmics— conformaran un tot que ens guiarà cap a l'abundància, la **riquesa professional** —i personal—, ja que també es pot aplicar al nostre dia a dia més proper.

Però com s'han d'expressar aquests valors? Què significa, per exemple, expressar de forma sana i voluntària la confiança?

5.1

Confiança:

3 eines per despertar l'autoconfiança

La confiança és el primer pas cap a la prosperitat. No podràs ser pròsper sense el suport aliè, però ningú no et donarà suport si no despertes confiança.

I és necessari que aquesta confiança neixi d'una confiança en tu mateix/a perquè les altres persones també confiïn en tu. Si tu desconfies de tu mateix/a, com vols que els altres confiïn en tu?

Per tant, **la confiança té dues vessants: l'autoconfiança i despertar la confiança en els altres.**

Primer abordarem **com incrementar l'autoconfiança**, la teva autovaloració, i ho farem oferint-te eines concretes per incrementar-la. Heu-les aquí:

1. L'egoisme: sigues el centre de la teva vida.

2. La felicitat: pren la decisió.

3. La saviesa: usa-la com a mètode.

1. L'egoisme

Sí, l'egoisme. Sorprès? Sorpresa? Parlem de l'egoisme en positiu, entès com: **posar atenció en tu**. Aquest és el primer pas per incrementar la teva confiança: situar-te al centre de la teva pròpia vida.

Qui és la persona més important de la teva vida? No hi ha cap dubte: tu! Sense tu, la teva vida no tindria sentit; de fet, no existiria. Per tant, tens un compromís amb tu mateix/a. Així doncs, has de situar-te al centre de la teva vida. És a dir, **escolta les teves necessitats** i honra-les.

Això no vol dir que acabis fent tot el que voldries —algunes coses poden ser inadequades—, però sí implica escoltar tots els teus desitjos, les teves necessitats, saber què et cal. Has de ser com un estetoscopi (l'aparell que s'usa a la medicina per auscultar el cor) i escoltar les necessitats de la teva pròpia vida per després decidir amb saviesa quines et porten més felicitat i prosperitat.

Si ignores les teves necessitats i els teus desitjos, no podràs cuidar-te, la teva autoconfiança serà diminuta i els altres no podran confiar en tu.

T'has d'imaginar que ets el rovell de l'ou i has de prioritzar l'escolta de les teves necessitats, de les teves realitats. Ja es deia a l'antiguitat: *"conèixer-se un mateix és la base de la felicitat i de la vida"*. Doncs ja ho saps!

Posar-te al centre de la teva vida és el que anomenem **egoisme en positiu: pensar en un mateix i cercar el teu bé respectant els altres.** Si no estàs bé amb tu mateix/a, no podràs donar el teu màxim, ni a la feina, ni a la vida. Com podries despertar confiança si no et coneixes i no dónes el teu màxim?

En canvi, el veritable egoisme, **l'egoisme en negatiu, és obligar els altres que s'adaptin a tu.** És a dir, no ets egoista quan escoltes les teves necessitats, ni quan ets el centre de la teva vida; sinó quan obligues els altres a fer el que vols, quan et negues a adaptar-te als altres, quan els obligues a actuar de forma diferent a com voldrien. Pretendre que la gent s'adapti a tu, això sí és egoisme! Però cuidar-te, escoltar-te... no ho és.

De fet, si tu et coneixes seràs més fiable i, per tant, serà més fàcil que confiïs en tu i que els altres també ho facin. O és que ignorem que, per confiar en algú, cal conèixer-lo bé?

En aquest sentit, et recomano que facis treballs seriosos d'autoconeixement: lectures, exercicis, cursos... Sobre aquest autoconeixement construiràs tota la teva vida i la prosperitat tindrà on arrelar. **Sense un jo sòlid, no hi ha cap terra fèrtil on la riquesa i la prosperitat puguin fructificar.**

2. La felicitat

Quan ja siguis el centre de la teva vida, la segona eina que et suggereixo és: **prometre't fer-te feliç.** No pots saber el que passarà a la teva vida, però **sí pots decidir que, passi el que passi, seràs feliç.** Fer-te aquesta promesa és clau.

Al cap i a la fi, **aprendre a ser feliç és el propòsit de la vida.** Fes-te la promesa de ser sempre feliç i la teva autoestima serà sòlida passi el que passi.

Per aconseguir-ho, et suggereixo l'exercici següent:

Al matí, en rentar-te la cara, mira't al mirall i digues: *"Avui, et faré feliç"*; o *"Avui, passi el que passi, seré molt feliç"*; o, tot parlant-te a tu, que estàs reflectit/da al mirall, pots dir-te: *"Avui no et fallaré, et cuidaré i et faré feliç"*.

Lògicament, si ja has complert amb el primer punt d'aquests consells (situar-te al centre de la teva vida), aquest pas et serà natural i lògic.

O bé, escriu aquests mateixos missatges —o d'altres; sigues creatiu— directament al mirall o on vulguis —al mòbil o l'escriptori de l'ordinador, per exemple—, perquè cada matí els puguis llegir i interioritzar.

És una manera conscient de començar el dia: prometre't que buscaràs la felicitat i recorda-ho en tot el que facis durant el dia —sobretot en situacions difícils— per tal que les teves decisions i actituds s'encaminin cap aquest propòsit: la felicitat profunda i permanent.

3. La saviesa

Ja tens clar que has de ser el centre de la teva vida; ja t'has promès a fer-te feliç... i ara, què? Resulta que hi ha entrebancs, oi? No tot el camí és a peu pla, veritat?

Fes-te la promesa d'usar la **saviesa** —el coneixement, el raonament— **per fer fora les teves limitacions mentals**, que són les que trunquen que assoleixis la felicitat i la confiança en tu. Si tens pensaments o idees que no són certes, aquests segaran la teva felicitat, et faran patir.

Com saber que una realitat encara no la veiem amb prou saviesa? Doncs perquè ens fa patir. Què cal, llavors? Doncs estudiar-la fins que, en comprendre-la totalment, el patiment desaparegui i sorgeixi la felicitat que som en essència.

Aquesta saviesa implica el ferm compromís d'estudiar **què no et fa feliç**, el perquè d'això i com arreglar-ho. Quan tinguis un entrebanc o una limitació busca la solució: no t'estanquis. Si pateixes és que encara no comprens plenament el significat del que vius. Esforça't a entendre-ho!

En moltes ocasions, **davant un problema ens bloquegem, ens queixem o culpem els altres**. El que hem de fer és **utilitzar la saviesa**, el coneixement, per superar aquest problema. Com? Intentant entendre **què hem d'aprendre** d'aquesta situació, quin aprenentatge profund estem rebent.

Perquè darrere de qualsevol dificultat sempre hi ha una incapacitat d'arranjar una part de la realitat, una ignorància de com gestionar-la i, per tant, **una dificultat és una oportunitat** per aprendre a fer-ho i deixar enrere per sempre aquest tipus de situacions.

En un capítol a part parlarem de la saviesa amb més profunditat, però si som capaços d'aplicar el que hem escrit aquí, la pròpia vida serà molt millor.

Molt important: no creguis res del que hi ha en aquest llibre que no sigui una evidència experimental per a tu. Mira d'aplicar el que diem per experimentar-ho i comprovar-ho.

En aplicar aquestes 3 eines —Egoisme, Felicitat i Saviesa— veuràs els excel·lents resultats que produeixen i per a tu es convertiran en evidències experimentades en primera persona en observar com la teva autoconfiança creix sòlidament.

I arribats en aquest punt, ens podem preguntar: com podem despertar la confiança en les persones del nostre entorn? T'ho respondrem a continuació.

Confiança:

2 passos per despertar-la en altres persones

Despertar la confiança en els altres és fonamental per ser pròspers. Qualsevol empresa, qualsevol treballador/a o qualsevol projecte necessita despertar la confiança del seu entorn per créixer. Ens cal despertar la confiança de la clientela, d'inversors, de proveïdors...

I com pots augmentar la confiança dels altres? En dos passos:

1. Mostra els teus valors explícitament

Per augmentar la teva confiança en els altres, **cal que mostris els teus valors explícitament**, que els altres els percebin. Si algú vol rebre un valor de tu, llavors generes confiança en ell de forma automàtica.

I com saber si realment hem expressat veritablement un valor? Com ja t'hem avançat a l'inici d'aquest llibre, si ho hem fet bé, aquest valor ha de:

- **Augmentar la teva pau interior**: et farà sentir en pau amb tu mateix; que has fet el correcte expressant-lo.

- **Millorar l'harmonia exterior**: millora el teu entorn. La persona que rep el valor l'accepta de bon grat.

Cal aquesta **doble verificació** per saber que el valor ha estat expressat correctament. Si no és així, no ens trobem davant d'un veritable valor i ens l'hem de replantejar. No tots els valors poden expressar-se en tots els contextos, a vegades, certs entorns socials no els poden entendre, per més valuosos que ens semblin a nosaltres.

Mostrar els nostres valors explícitament i de forma conscient i voluntària multiplica la confiança de l'entorn vers nosaltres. Per exemple, si fabriquem un producte alimentari d'excel·lent sabor i qualitat ecològica clarament demostrada, les persones que valoren el gust i l'origen ecològic dels productes confiaran en nosaltres. Si som un mitjà de comunicació que mostra tant els argumentaris de la gent que pensa com nosaltres, com els de qui pensa el contrari, tot fent una anàlisi acurada de la realitat, tindrem la confiança dels lectors i les lectores que volen tenir informacions fidedignes.

En aquest sentit, cal entendre que no tothom apreciarà els nostres valors i, per tant, si no tenim un grup suficient de persones que els valoren, difícilment podrem tendir a la prosperitat. Els valors són valors en relació. És a dir, hem de ser conscients de si els valors ens obren portes i ens ofereixen el suport o, en canvi, es converteixen en contravalors.

Aquesta última idea és important al món laboral si volem prosperitat.

2. Tenir unes relacions excel·lents

A més de mostrar els valors, també **cal cultivar unes excel·lents relacions** amb els altres, sense importar qui sigui: companyes i companys de feina, caps i comandaments, clientela, inversionistes, família... Només relacionant-nos des de l'excel·lència podem generar confiança.

La manera com et relacionis amb els altres despertarà la seva confiança. La gent amb qui treballes ha d'estar contenta de tenir-te com a company, com a comandament o com a cap. Sí, aquesta és una forma simple de saber si estàs aplicant les set eines que t'ofereixo a continuació: les persones estan contentes de treballar amb tu? Si la resposta és negativa, segur que alguna de les set eines següents t'ajudarà a modificar el que fas i, en modificar-ho, el resultat millorarà.

Heus aquí les 7 eines per assolir unes relacions d'excel·lència amb qualsevol persona i en qualsevol situació:

1. Renuncia a canviar l'altre: recorda l'egoisme positiu.

Davant una dificultat: has de canviar tu, no els altres. Limita't a donar el teu màxim. Fes el que et toqui fer, però no obliguis els altres a fer el que no volen perquè és, literalment, impossible: si una persona no vol canviar, no la canviaràs.

Només pots canviar-te a tu mateix/a, així que fes-ho. Deixa de lluitar contra l'exterior, treballa a favor del que sí pots fer, del teu canvi interior.

RECORDA:

Tu ets el centre de la teva vida. Egoisme positiu: pensar en tu mateix/a i cercar el teu bé respectant els altres

2. Renuncia a la queixa: valora el que tens.

Si et queixes li estàs dient a la vida que no valores el que tens, que vols que t'ho tregui. Llavors la vida entén que no ho vols i t'ho treu. I cada cop tens menys. Per tant, cada cop ets més pobre.

L'opció correcta és valorar el que sí tens, centrar la teva atenció en el que valores. Fent-ho facilites que la vida entengui què vols i, per tant, que es multipliqui.

Moltes vegades ens sentim còmodes en el paper de víctima. **Però el victimisme no genera prosperitat, sinó pobresa.**

RECORDA:

La queixa porta a la pobresa i la valoració, a la riquesa

3. Renuncia a culpar: assumeix la teva responsabilitat.

Tu ets l'**únic responsable dels teus actes** i de les teves decisions. Si t'has equivocat, accepta-ho i busca solucions; i aprèn la lliçó per no equivocar-te de nou.

La culpa és una forma d'excusar-nos davant els nostres errors i la nostra ignorància. Evitem la responsabilitat perquè culpem els altres del que ens passa. **Quan en realitat sóc jo qui pren les decisions.**

Si algú t'ha enganyat en un negoci i has invertit els teus diners erròniament i els has perdut, pots tenir la temptació de culpar-lo: *"La culpa és que m'ha enganyat"*. Però la realitat ets tu qui li ha donat crèdit mentre altres persones no ho feien. Per tant, està clar que l'altra persona deia mentides, però la responsabilitat de creure-les és teva.

I enfocar-ho així serveix d'alguna cosa? I tant! De molt! A partir d'ara, canviaràs els teus criteris per donar crèdit a algú; a partir d'ara verificaràs les informacions abans de donar-les per vàlides.

No culpis l'altre, **assumeix el teu poder, aprèn i actua en conseqüència**. La prosperitat no és possible sense aprenentatge, per tant, hem de renunciar a la culpa per poder aprendre. Ja ho dèiem abans: el victimisme és totalment inútil.

RECORDA:

Si no sóc responsable dels meus actes, l'abundància es trunca

4. Renuncia a la violència: actitud 100% positiva.

Física, verbal i també mental. **Tingues una actitud 100% positiva** i podràs afrontar millor les situacions. Què significa una actitud positiva? Simplement una actitud en la qual tu mires de **donar sempre el teu màxim al marge del que faci l'exterior.**

I aquest factor —*"al marge del que faci l'exterior"*— és clau, perquè tu ets qui realment decideixes la teva conducta i, llavors, ets fiable pels altres i podran confiar en tu. Si la forma de tractar la gent depèn de factors externs, ningú no podrà estar totalment segur de com el tractaràs avui. No decidiràs la teva conducta, no seràs fiable: sovint agrediràs els altres.

Una actitud 100% positiva implica una relació totalment lliure de violència. **La violència** porta més violència i **rebuig**; per tant, no aporta bones relacions.

Però aquí, cal distingir tres tipus de violència diferents en les nostres relacions, tres tipus de violència als quals cal renunciar:

> ***a)* Violència física**: Avui en dia, sembla clar el rebuig general a la violència física, estic segur que aquest no serà el teu problema. Si ho fos, no estaries llegint aquest llibre.
>
> ***b)* Verbal**: Les males paraules, les amenaces verbals, el to de veu, el xantatge emocional, culpar, la queixa, els gestos punyents, els silencis assassins..., són mostres clares de violència vers l'altre i, òbviament, ens impedeixen tenir bones relacions.

Ningú vol relacionar-se amb caps, comandaments o companys de feina que diuen les coses de mala manera, oi? I no cal que sigui sempre, només cal que maltractem les persones verbalment de forma puntual i ja haurem trencat la seva confiança. Una persona que et parla malament o t'insulta o et culpa o et fa xantatge un cop cada tres o quatre setmanes trenca la confiança, no és confiable, t'has de protegir d'ella.

Per això no hi ha mitges tintes: has de renunciar del tot a la violència comunicativa si vols relacions excel·lents amb els altres. Ja hem renunciat a la violència física, renunciar a la violència verbal també és possible.

c) **Mental**: I aquí arriba un tipus de violència en què, moltes vegades, ni tan sols es pensa: la violència mental. Pensar malament dels altres és violència vers ells, és negar-los el dret d'equivocar-se, negar-los el dret d'actuar diferent a nosaltres, és obligar-los a ser tal com nosaltres volem... Egoisme!!

Per tant, també és important arribar a superar aquesta violència. Hem d'investigar la realitat fins adonar-nos de quelcom clau: l'altre fa el millor que pot, perquè no sap fer-ho d'una altra manera. No en sap més. Si penses així, deixes d'agredir els altres i tota la teva vida s'allibera de violència.

Naturalment, quan algú fa quelcom malament, costa molt prendre aquesta actitud de pensar: 'No en sap més, no és culpa seva'. Però, si arribes a pensar d'aquesta manera i ho combines amb la setena eina de l'amor que llegiràs en breu, la teva realitat es transformarà.

Vull remarcar textualment que **la teva realitat es transformarà quan renunciïs, dins teu, a la violència**. La violència seguirà existint en certs mons, però serà lluny de la teva vida.

RECORDA:
Renuncia a agredir i al teu món desapareixerà la violència

5. Renuncia a patir: aprenc de les dificultats.

La nostra pau i felicitat són el més important que tenim. Per tant, quan la vida ens posa davant situacions difícils, cal entendre que hem d'aprendre a gestionar-les en lloc de llençar-nos als braços del patiment.

I això ens porta a entendre aquesta cinquena eina de les relacions excel·lents: **Agraeix les dificultats**, perquè et faran créixer; en lloc de patir. Renuncia a patir i recorda: la teva pau és molt més important que aquesta dificultat; què has d'aprendre d'ella? Les situacions difícils comporten un aprenentatge. Enfrontar-te a situacions difícils **t'ajuda a créixer**. Renuncia a patir.

Cada pal a la roda és una experiència, una manera de sobreposar-te i l'experiència et dóna coneixements, saviesa i seguretat per a properes ocasions. Tingues-ho ben present en les relacions que et semblin especialment difícils: no sumis el teu patiment a la dificultat, no et serà de cap utilitat. Ja sé que pot semblar que t'estigui prenent el pèl, però ho afirmo ben seriosament: la felicitat és una decisió i paga la pena prendre-la, i amb molt més motiu quan les coses són difícils.

Les primeres vegades que ens trobem davant una dificultat sempre és més complicat sortir-se'n pel desconeixement que suscita la nova situació. Però la segona vegada tot flueix millor. Per què? Perquè ja ho has viscut almenys una vegada i ja no hi ha l'efecte sorpresa i per tant, tens més confiança que tot sortirà bé. Si te n'has sortit una vegada, podràs ferho dues o tres. Però això no succeirà si, quan apareix una dificultat, et negues a aprendre i prefereixes patir oblidant la promesa que, passi el que passi, seràs feliç.

Si et relaciones d'aquesta manera amb els altres, cada vegada les teves relacions seran més sàvies i més fluïdes, a poc a poc s'aniran aproximant vers l'excel·lència.

RECORDA:

Quan una circumstància és difícil, pots comprovar si valores més la teva pau i felicitat, que la dificultat

6. Renuncia a fugir: estimaré la vida que em toqui.

Aquesta és la vida i la feina que tens. Estima-la, encara que no t'agradi. I estimar també inclou les altres 6 eines. **El secret no està a tenir la vida que somies, a tenir la feina que realment estimes; sinó a estimar la vida i la feina que tens.**

En castellà s'afirma: *"Lo que resistes persiste"*. Per tant, cal deixar de resistir-se a la vida que tenim i estimar-la. Només així flueix i es transforma. No podem ser feliços en una vida diferent a la nostra. Podem estimar la funció laboral que complim? Podem estimar els companys i les companyes que tenim? Podem estimar la realitat corporal, física, econòmica..., que tenim? Només en estimar-la es pot transformar.

Però no et confonguis: estimar no és un sentiment, sinó l'aplicació d'aquestes set eines que ara estàs llegint. **Estimar és voler el màxim bé per a mi i per a l' altre i, per tant, aplicar aquestes set eines de relacions excel·lents.**

Tingues també molt clar que no dic que tinguis una actitud passiva, ni que renunciïs als somnis, ni a l'acció, ni a fer plans. Al contrari, **t'animo a fer plans, a tenir somnis, a actuar..., tot estimant el teu moment present.** No fugir no significa renunciar definitivament als teus somnis, a la teva felicitat.

RECORDA:

Estima la vida que tens; qui no pot ser feliç amb el que té tampoc no podrà ser feliç amb el que tindrà

7. Renuncia a interferir: respecta la llibertat de l'altre.

Si has entès les altres lleis, deus haver vist que es basen en un respecte fonamental de la llibertat de l'altre. Però també he insistit que això no ha d'implicar una actitud passiva, un 'tot m'està bé', un passotisme.

Aquesta setena eina de les relacions excel·lents aprofundeix en aquests dos punts.

Cadascú pren les seves decisions, i **cadascú ha d'assumir les conseqüències** d'aquestes decisions.

Què implica això? El respecte de les decisions dels altres: no criticar, no jutjar, no castigar... i no salvar! És a dir, permetre que les persones comprovin el resultat de les seves accions. Si les persones no vivim les conseqüències de les nostres decisions, no aprenem; i per tant, no creixem.

Salvar algú de les conseqüències de les seves pròpies accions és una manca d'amor: li estàs impedint aprendre. Però igual que no salvem, tampoc no critiquem, no agredim, no castiguem, no discriminem...

Si algú ens demana consell li'n donem, però no podem evitar que cada persona actuï com cregui més oportú. Impedir-li-ho seria una falta de respecte vers l'altra persona. Respectar les decisions alienes, centrar-nos en les nostres sense culpar, sense jutjar, valorant el que tenim, estimant el que fem i aprenent de les conseqüències. Aquesta és l'essència d'aquesta eina.

RECORDA:

Cadascú pren les seves decisions i és una falta de respecte impedir que aprenguin de les seves conseqüències

En conclusió, aplica de mica en mica aquestes 7 eines per tenir unes excel·lents relacions i els altres confiaran en tu. T'imagines com et sentiries davant una persona que et respecta, que estima el que fa, que no et judica ni et culpa —fins i tot quan t'equivoques — i que no t'obliga a canviar d'opinió quan la seva és diferent? Entens la importància d'aquestes eines per mantenir relacions harmonioses?

La importància d'aquestes eines és immensa. Aplicar-les canvia la perspectiva sobre la pròpia vida i les relacions amb un mateix i els altres. Són eines clau.

A més, et serviran tant per a la teva vida laboral com per a la personal. Pràctic, no? Això sí, ningú diu que sigui fàcil. Per anar-les integrant, et suggerim dues alternatives:

En primer lloc, cadascun dels set dies de la setmana, centra't en una eina concreta. Els dilluns, per exemple, centra't a no queixar-te i valorar; els dimarts, per exemple, centra't a no culpar i assumir la teva responsabilitat... Veuràs com, en poques setmanes, les aniràs integrant.

Una segona opció és integrar dues eines a la teva vida quotidiana i, quan ja les tinguis plenament integrades, afegir-ne una altra. I així successivament fins que hagis integrat les set eines a la pràctica diària.

Un cop les apliquis, verificaràs que són totalment certes. Igualment, també pots verificar que ho són fent, simplement, el contrari: no aplicar-les. Veuràs que és un absurd i que cal seguir-les. Per exemple, critica i culpa algú i veuràs que la relació s'espatlla: hauràs verificat que cal renunciar a la crítica i a culpar. Senzill, oi?

No et dic que em creguis, et demano que ho verifiquis: així no voldràs actuar diferentment del que aconsellen aquestes set eines.

Despertar la confiança dels altres és senzill seguint aquestes indicacions, però tot sovint fem accions que, encara que siguin socialment habituals, trenquen la confiança. Crec que paga la pena que hi fem un cop d'ull en el següent capítol.

Confiança:

Els 9 errors habituals que la trenquen

Tan important és saber com pots guanyar la confiança dels altres, com saber quins aspectes la trenquen. Recorda que, **quan la confiança es trenca, costa tornar-la a construir**. Si volem una vida pròspera, hem de poder generar confiança i evitar accions que la puguin truncar.

Les accions, socialment habituals, que hem d'evitar perquè trenquen la confiança són les següents:

1. Mostrar les preocupacions

Confia en els altres per dur a terme una tasca. **Si tu no mostres confiança, a ells els serà difícil confiar en ells mateixos i en tu.**

Per exemple, si ets cap o comandament intermedi, quan hagis de confiar una nova tasca a algú, anima'l, digues-li que pot. Mostra-li confiança —encara que sàpigues les dificultats de la feina que cal fer—. Confiar en els altres els apodera i els apropa a l'èxit. Si tu mostres confiança vers els altres, et recompensaran amb majors i millors resultats i, alhora, amb reconeixement vers el vot de confiança que els has donat.

En canvi, **quan una persona es mostra molt preocupada davant dels altres, aquests tendeixen a amagar-li informació perquè no es preocupi**. Això passa sovint a les famílies: davant un pare o una mare que es preocupa molt per tot, els fills tendeixen a amagar-li informacions: li amaguen que aniran en cotxe, o que han conegut una persona que els agrada, o que... I ho fan per evitar que *"em taladri amb les seves preocupacions"*.

Tanmateix, socialment està ben vist preocupar-se. Sembla que una persona que es preocupa està mostrant interès. Però el resultat és el contrari. Et prego que no creguis el que dic, et prego que ho comprovis: has viscut amb persones que es preocupaven molt?; has comprovat com l'entorn els amaga informació?; has vist com el mostrar les preocupacions bloqueja les persones amb iniciatives en lloc d'ajudar-les?

Per tant, cal tenir molt present que les preocupacions trenquen la confiança. I això que estic afirmant serveix tant —com moltes altres coses— per al món dels negocis com per al món personal i familiar.

2. Possessió

Hem estat educats/des en una societat on la propietat és sagrada: Això és meu! Però la realitat és ben diferent, veritablement no tenim res. **Res ens pertany**. Si tinguéssim coses, podríem decidir sempre sobre elles. Reitero la paraula *“sempre”*.

Però la realitat és diferent: **nosaltres administrem coses, gaudim d’objectes i, fins i tot, gaudim i usem el nostre cos; però no el tenim.** La creença absurda que els meus treballadors són meus, que la fàbrica és meva, que els meus fills i les meves filles són meus, que el meu cos és meu..., només ens porta problemes.

Els treballadors d’una empresa no són de l’empresa. Poden deixar la companyia quan vulguin. Els fills no són nostres, en arribar a adults, poden decidir el que vulguin i, en tot cas, pertanyen a la vida i no als pares. El cos el fem servir, però no és nostre ja que ni tan sols podem decidir si es posa o no malalt!

Si actues com si les coses fossin teves, actuaràs de forma emocional i poc sàvia, això trencarà la confiança. **Però si saps que res no és teu, sinó que tu només has d’administrar-ho, la teva conducta serà ben sàvia i la confiança es multiplicarà.**

Ni l’empresa és meva —encara que en tingui el 100% de les accions—, ni el lloc de treball és meu, encara que tingui la plaça funcionarial a nom meu. Estem al servei del projecte de l’empresa, estem per servir i nosaltres passarem i la realitat continuarà. No és nostra, al revés: som aquí per servir-la.

Si actuem des d’aquest concepte de servei i no possessió, la confiança es multiplicarà. Si actuem des del ‘meu’, la confiança es trencarà.

3. Sentimentalisme

Relacionar-se amb els altres des dels sentiments. **Només és adequat fer-ho si aquests són bons.** Si no, cal buscar una forma sàvia de gestionar-los.

Quin sentit té llençar tota la nostra ira sobre una persona? Creiem que això millorarà la nostra relació?

Quin sentit té relacionar-nos amb algú enfadant-nos-hi, des de la venjança o la maledicència?

Si em relaciono amb els altres a partir del que sento, quan els meus sentiments siguin "negatius" —i això passarà inevitablement en algun moment—, trencaré la confiança. M'he de relacionar des de les 7 eines de les relacions excel·lents que hem explicat abans, al marge que la persona em caigui bé o malament, que estigui de bon o mal humor. **Els sentiments negatius serveixen per conèixer les meves limitacions mentals, però no per relacionar-me amb els altres.** Si em relaciono des de qualsevol sentiment, des del sentimentalisme, trencaré la confiança dels altres.

4. Susceptibilitat

No et prenguis res personalment. No t'ofenguis, per exemple, quan el teu cap et digui que alguna cosa no has fet bé; no és res personal cap a tu. Si hagués estat algú altre i el mateix resultat, també li ho hauria dit. La seva forma de dir-ho, bé o malament, no té a veure amb tu, sinó amb les seves habilitats.

Tu només ets responsable del que tu dius, fas i penses dins teu. Però no ets responsable del que els altres diuen, fan o pensen. **No et prenguis mai res personalment i tothom sabrà que ets confiable.**

Pren-te les coses personalment —com és habitual fer-ho— i veuràs com la confiança es ressent: ningú pot mantenir una confiança total amb algú amb qui s'ha d'anar amb peus de plom.

5. Agressivitat

Ni física, ni verbal, ni mental. Ja hem vist que provoquen rebuig, entre altres aspectes. No hi aprofundirem perquè ja ho hem abordat en parlar de les 7 eines de les relacions excel·lents.

Tanmateix, sembla que molta gent encara no ho ha entès i segueix escridassant i faltant al respecte a gran part del seu entorn. No m'estranya que no despertin cap confiança!

6. Ignorància negada

Deixaries el teu cotxe a algú que no té el carnet de conduir perquè no sap conduir? Mai!

Les persones que no saben trenquen la nostra confiança. **No parlis del que no saps. Admet el que ignores i accepta que t'assessorin. Cal aprendre.** Busca la saviesa per aprendre i trobar solucions a les situacions que encara no dominis.

Fer veure que ets un setciències quan ignores un tema et farà perdre tota confiança en tu.

7. Proteccionisme

Protegir els teus companys, comandaments o caps, salvar-los dels seus errors, implica fer mal a l'empresa i a tu mateix. Cal aprendre dels errors, no són dolents, al contrari: ens porten saviesa.

Si tendeixes a cobrir els que s'equivoquen, a amagar els errors aliens, a **assumir les responsabilitats que no et toquen, no només fas un mal a l'empresa** perquè li impedeixes saber on és el seu problema per resoldre'l, sinó que també et fa poc confiable.

8. Mentida

Predica amb l'exemple. Si exigeixes puntualitat, sigues puntual tu també. No vull ampliar aquest punt perquè és ben conegut: dir una cosa i fer-ne una altra trenca totalment la confiança.

9. Sinceritat total

Hi ha gent que està orgullosa de no tenir pèls a la llengua. Creuen que dir el que pensen és dir la veritat. Però si dic el que penso no estic dient la veritat, sinó donant la meva opinió. No coneixem la veritat, sinó una part d'aquesta, la meva visió. **Confondre la veritat amb la meva opinió ja és un gran error de partida.**

Però usar la meva opinió per etzibar-la a la gent encara és pitjor. Les persones que diuen el que pensen —sovint sense haver-ho pensat gaire prèviament— i no els importa el que diuen i fereixen els altres perquè no tenen pèls a la llengua acaben malbaratant les relacions i trencant la confiança. Com puc confiar en algú que no mesura si el que diu és adequat de dir en el fons i en la forma?

La sinceritat està sobrevalorada i sovint es confon la sinceritat amb el *sincericidi*. **Les coses només cal dir-les si milloren el silenci.** En cas contrari, el millor és callar discretament a l'espera que la nostra paraula pugui tornar a ser útil.

5.2

Compromís:

Les obligacions no existeixen

Un cop aclarides les premisses de la confiança, el segon valor que ens cal expressar perquè porta a la riquesa és el compromís. El contrari del compromís és l'obligació. Mentre que **el compromís ens porta a la prosperitat, l'obligació ens porta a la mancança.**

El primer compromís és amb tu mateix. Si no tens compromís amb tu i el que fas, no ets una persona confiable. Ergo, no trobaràs la prosperitat. Has d'entendre que a la vida tot el que fas és perquè vols. Ho fas lliurement. No dic que t'agradi, dic que si ho fas és perquè tu ho has decidit. Podries haver decidit una altra cosa, però no ho has fet. Tot ho fas perquè vols.

Les obligacions són una ficció. Podries fer una cosa diferent, però hauries de pagar el seu preu corresponent. Tot té un preu i nosaltres escollim quin preu volem pagar. Si una cosa no la vols fer, pots no fer-la; però tindrà conseqüències. **Dir que la fas perquè no ets lliure, que t'obliguen, és mentir-te**.

Cada persona decideix per ella mateixa i cada decisió implica unes conseqüències que cal assumir. Així que si en el dia a dia fas quelcom que no t'agrada, en realitat, és perquè tu vols. Tu tens la possibilitat de prendre una nova decisió.

I aquest és, en realitat, el teu compromís: fer allò que has decidit fer i fer-ho sabent que ho fas lliurement.

Amb què t'has compromès, a què tens compromís?

Si no ho has decidit conscientment, acabaràs fent coses a contracor. Viuràs com si fossis esclau. Oblidaràs que ets lliure i actuaràs com si t'obliguessin..., i això et tancarà el pas a la riquesa.

Si vols obrir-te a la prosperitat, t'has de comprometre a ser útil d'alguna manera i entregar-t'hi. No et pots comprometre amb els diners que penses que obtindràs amb la teva acció, sinó comprometre't amb l'acció mateixa. Voler ser útil amb ella.

Hi ha gent que està compromesa amb els seus beneficis, amb els seus diners: greu error! **Si el que t'importa són els diners, no estàs compromès amb el que fas, sinó només amb els diners. No ets fiable**. No pots despertar la confiança.

En canvi, si estàs compromès a fer-ho tot al màxim de bé i de forma positiva perquè saps que és una opció lliure, la porta a la prosperitat està oberta.

Recorda: qui a nivell laboral està compromès només amb els diners no crea riquesa o abundància. Primer t'has de comprometre, lliurement, amb tu, a donar el teu màxim i de forma positiva, a ser útil als altres.

Et proposo un exercici: A nivell laboral...

> *A què estàs compromès? Com vols millorar la vida dels altres? Com vols ser útil al món? Què vols aportar? Et suggereixo que ho escriguis. Si no ho tens clar, és que no tens cap compromís real i seriós amb el món i, en conseqüència, la porta de la prosperitat es tancarà.*

Ja saps a què estàs compromès? Ara respon les següents preguntes: Aquest compromís...

> ***- Depèn dels altres?*** Resposta correcta: No. Perquè si depèn dels altres, no pots assegurar el seu compliment; només ha de dependre de tu.
>
> ***- És clar?*** Resposta correcta: Sí. Perquè si no està clara la forma com tu ets útil als altres, ningú no demanarà la teva ajuda.
>
> ***- És motivador per a tu?*** Resposta correcta: Sí. Perquè no pots comprometre't amb quelcom que no visquis com a autèntic.

- ***Es veu un benefici per al món?*** La teva feina beneficia el món, les persones i/o l'empresa? Resposta correcta: Sí. Perquè si no beneficia ningú, cap persona no tindria interès en el que ofereixes.

A partir d'aquestes respostes **pots veure una missió, un objectiu laboral** i, per tant, el **compromís** de complir aquesta missió.

POSSIBILITAT A:
Si tens una missió: Felicitats! A complir-la!

POSSIBILITAT B:
Si no veus cap missió, pregunta't: Realment estic a la feina adequada o he de canviar-la?

Vinga, un exercici més: Per saber quin compromís tens a nivell laboral amb la teva feina...

> *Imagina't que tens molts, molts, però molts diners. Què faries? Agafa un llapis i apunta les coses que faries. No llegeixis el paràgraf següent fins que no ho hagis escrit.*

Si entre aquestes coses no apareix la teva situació laboral, és que no estàs compromès amb la feina actual, només amb els diners que et reporta. Com ja t'he comentat, el compromís no pot ser només amb els diners. Aquest és precisament un motiu pel qual tens la prosperitat bloquejada. Més endavant parlarem sobre què bloqueja a la prosperitat.

Si et sembla, podem passar al tercer valor: la lleialtat.

5.3 Lleialtat:

Sempre compleixo els meus acords

Ja tens confiança en tu mateix, els altres confien en tu i ja has adquirit un compromís-missió a la feina. Ara necessites ser fiable en els acords que adquireixis amb els altres i amb tu mateix. Aquí apareix la lleialtat: la virtut de complir allò a què et compromets.

Naturalment, primer hi ha un compromís, un acord i, després, la lleialtat a aquests acords. **Sense acords previs, la lleialtat no té sentit.** Per ser lleial cal tenir uns acords i la decisió ferma de complir-los.

I aquí vull tornar a recordar que **qualsevol acord** —com tot a la vida, tal com dèiem al capítol anterior— **és una decisió lliurement escollida.** Naturalment que els acords són sempre negociables i, per tant, renegociables quan les circumstàncies canvien. Però un cop s'han pres, cal ser lleial en el seu compliment.

Per tant, els acords **no** es poden **trencar unilateralment sense parlar-ho amb l'altra part.** Si fos possible trencar qualsevol acord quan es vulgui sense parlar amb l'altra part, significaria que no hi ha compromís ni lleialtat i, per tant, que l'acord és paper mullat: només el segueixo si vull.

A més, respecte al tema de la prosperitat i la riquesa que ens ocupa, cal tenir molt present que trencar els acords quan es vulgui i sense avisar l'altra part talla la font de l'abundància. Et converteixes en una persona en qui no es pot confiar i la prosperitat es tallarà completament a la teva vida.

Però si ets lleial amb els teus acords, la prosperitat s'apropa encara més.

En tot cas, també cal tenir present que, **encara que no trenquis les normes de l'acord, l'altra part sí ho pot fer, i llavors, què passa? Com has d'actuar?**

Bé, aquí tenim dues conseqüències clares:

1. **Fi de la relació**: la unió d'ambdues parts es trenca.

2. **Fi de les exigències**: perquè ja no hi ha relació, ja no hi ha acord. Sembla evident, però hi ha gent que malgrat trencar l'acord encara exigeix a l'altra part.

Si es trenca l'acord unilateralment, una part anirà per un camí paral·lel del pactat i no tindrà dret a res. Per tant, **si tu trenques l'acord** perds l'abundància, **trunques les lleis de la prosperitat.** Però si és l'altra part qui trenca l'acord de forma unilateral i sense negociar, llavors t'has alliberat de totes les obligacions existents, tens plena llibertat de nou; ningú et pot exigir que compleixis res, l'acord ja no existeix. Si ho vols, podràs arribar a nous acords amb altres parts que siguin confiables.

I aquí apareix un altre punt fonamental dins el valor de la lleialtat: **Com arribar a acords?**

Els dos passos bàsics per arribar a acords són:

PRIMER: Plantejar-nos si som compatibles o incompatibles amb l'altra part. Lògicament només farem acords amb persones o entitats compatibles: una part que no és confiable o lleial no és compatible amb nosaltres. Només som compatibles amb persones o organitzacions que mantenen lleialment els acords.

SEGON: Si som compatibles, **tenim diverses opcions** per intentar arribar a un acord:

> ***a)* Dir sí** al que ens proposen. L'opció ideal, perquè ambdues parts estan d'acord amb les premisses. Si això no és possible, et pots plantejar el pas següent: puc cedir?

***b)* Cedir** a la proposta de l'altra part. Una part cedeix perquè, encara que ho faria diferent, no ho veu com un obstacle rellevant per seguir amb la relació que, en conjunt, és valora com a positiva.

Cal remarcar que si cedim ho fem de forma voluntària i, per tant, és absurd dur una comptabilitat del que *"jo he cedit per tu i tu ara estàs en deute amb mi"*. O cedeixes voluntàriament perquè no ho veus com un obstacle important en la relació, o continues negociant aplicant el punt següent. Però cedir amb intenció de venjar-te o pensant que t'ho compensarà més tard és ser deslleial i mai no ho farem. Mai.

c) Buscar un **punt mitjà**. L'opció de *"ni per a tu ni per a mi"*. Trobar una postura que les dues parts poden acceptar, encara que no sigui la que consideren òptima. Si no és possible trobar un punt mitjà en una negociació, haurem de passar a la fase d'informar.

d) Informar d'**una postura inamovible**. S'informa que tal condició és, simplement, *sine qua non*, imprescindible. S'informa que sense aquesta condició, l'acord no és possible. Naturalment, arribarem en aquest punt després d'haver intentat els passos anteriors. Si l'altra part no pot acceptar aquesta condició imprescindible per a nosaltres, llavors, només podem passar a l'últim pas: acabar amb les negociacions.

e) **Acabar amb les negociacions.** Les dues parts estan en desacord i cadascuna seguirà per la seva banda. No hi ha cap obligació entre elles perquè no hi ha cap acord al qual adherir-se. Ambdues parts tenen plena llibertat per seguir el seu camí independent.

A vegades, però, el que passa és que descobrim que algú amb qui teníem un acord l'ha trencat i, per tant, s'ha convertit en incompatible. Si una persona o organització no és lleial, es converteix automàticament en incompatible, en no fiable.

Què fer, llavors? **Com actuar amb una persona o organització davant l'incompliment d'acords?**

En aquest cas **tenim només dues opcions**:

1. Si som al nostre terreny, expulsem del nostre territori a qui ha trencat l'acord. Per exemple, això pot passar quan som els caps d'una empresa i un proveïdor ens ha mentit: deixem de treballar amb ell.

2. Si som al terreny de l'altre, marxem del seu territori. Per exemple, si sóc un empleat en una organització o una empresa que no és fiable: començo a cercar una feina alternativa.

Molt sovint passa que has de fer acords amb gent que desconeixes. Per entendre **amb qui podem o no fer acords**, cal tenir en compte que a la vida hi ha **3 grans tipus de persones:**

1. Persones cocodrils: Millor si no hi fem acords, perquè no els poden complir! Són totalment incompatibles! Es regeixen pels seus instints, no tenen empatia i només es mouen pels seus propis interessos. Només els interessa el jo. Ens diran que sí a tot mentre els interessi i després trencaran els acords sense pietat, ni compliran la seva part si això els beneficia.

- **Solució**: delimitar-les, no fer acords, mantenir-les lluny de l'empresa i de la pròpia vida.

2. Persones ximpanzé: Es relacionen des de l'empatia, des de les emocions. Ajuden tant com poden mentre els caiguem bé i les coses vagin bé. Però si quelcom no els agrada, es desestabilitzen i perden la capacitat de raciocini. S'ha d'anar en compte en fer acords amb aquestes persones, tot i que hi hagi certa compatibilitat parcial.

- **Solució**: veure si els agrada o no el projecte i deixar tots els termes de l'acord molt clars, especialment com resoldre-ho si les coses no van bé. **Molta prudència!**

3. Persones humanes: Són conscients dels seus instints i les seves necessitats, perceben les seves emocions, però decideixen racionalment què fan. D'aquesta manera, encara que les coses siguin difícils o les perjudiquin, poden mantenir els acords. Actuen bàsicament a partir de la decisió, no des dels sentiments o de les emocions. Són persones fiables.

- **Solució:** podem fer acords amb elles i sempre seran fiables. Si algun cop volen canviar l'acord, el renegociaran, però mai el trencaran unilateralment sense avisar.

No voldria tancar aquest capítol sense remarcar que hem de ser persones humanes. És a dir, hem de ser capaços de mantenir la nostra fidelitat als acords i renegociar-los quan calgui, però mai trencar-los unilateralment sense haver intentat renegociar-los. Això ens mantindrà oberta la porta de la prosperitat.

I ara m'agradaria parlar-te d'un quart valor bàsic per atreure la riquesa i la prosperitat.

5.4

Servei:

Donar el màxim, oberts a rebre

Un altre dels valors que t'aportarà prosperitat de forma inevitable a la feina és **la voluntat de servei**, de ser útils als altres. Això genera riquesa.

Entenem el servei com un acte incondicional vers els altres basat en tres punts clau:

1. Oferir informació a qualsevol persona que la demani amb la intenció de millorar la seva vida, de millorar la seva realitat. Cal, però, donar només informacions quan ens les demanen i hàgim verificat la seva autenticitat i que l'altra persona pugui comprendre-les i gestionar-les.

2. Capacitat d'**actuar sempre donant el nostre màxim** amb alegria i entusiasme, al marge de les circumstàncies externes. Això significa poder superar les limitacions mentals típiques de *"no m'agrada, no és meu, no em valoren, no em motiva, no hi ha prou bon ambient..."*, i convertir-nos en les persones que ens automotivem, que creem el bon ambient, que aprenem a estimar el que fem. D'aquesta manera podem arribar a mostrar tot el nostre potencial interior.

3. Disposició a acceptar els resultats de les nostres accions, és a dir, **estar oberts a rebre sense lligar-nos a expectatives concretes.**

Servei, per tant, és estar disposat a donar el màxim i, alhora, obert a rebre. Dic **donar, però no regalar**.

Quina és la diferència entre *donar* i *regalar*?

Quan regales quelcom el volum de les teves riqueses es redueix; en canvi, quan dónes pots seguir donant infinitament perquè la qualitat que lliures creix en oferir-la. Regalar a algú quelcom que no s'ha guanyat (diners, objectes o similars) bloqueja la prosperitat. En canvi, donar informació a qualsevol que la demani, donar ànims a tothom, donar suport en coneixements i emocional a qualsevol persona..., potencia la prosperitat.

Per ser pròspers, hem de donar, però mai regalar res a qui no s'ho ha guanyat. És com tirar la riquesa a un pou sense fons. En poques planes descriurem les accions que bloquegen la prosperitat i regalar és una d'elles.

Tingues **voluntat de servei**: treballa amb amabilitat, cura, compassió, tendresa, escoltant... No costa res econòmicament i aconsegueixes molt. I, a més, els teus companys o empleats també et correspondran.

D'altra banda, en donar s'ha d'estar obert a rebre. Si dónes per millorar el benestar dels altres, accepta també el que et vulguin donar els altres. Si no ho fas així, t'empobriràs perquè també has de rebre, no només donar.

Aquest és un dels errors més habituals que també bloquegen la riquesa: persones que poden donar suport, informació, tendresa, amabilitat, treball, temps..., i que no volen rebre res dels altres. Això acaba tallant la seva abundància. La natura dóna i rep: per això mai s'asseca la seva abundància. Per exemple, en un bosc aquest rep aigua de la pluja, rep fulles seques i els cossos morts dels animals, així com les seves defecacions, que l'adoben... El bosc dóna frescor, ombra, humitat..., però rep també dels altres. Si es negués a rebre la pluja, l'adob natural que li arriba en forma de fulles mortes, les defecacions o els animalons morts..., a poc a poc tindria molt menys per donar fins a defallir. El mateix li passa a molta gent que no és capaç d'acceptar allò que els altres li volen donar i s'acaba assecant.

Sempre hem d'estar oberts a donar el màxim suport a tothom, a donar el màxim amb la màxima alegria i felicitat i oberts a rebre el que ens arribi. Aquesta és la missió des del punt de vista de l'abundància. Aquesta actitud ens portarà a rebre els fruits de la vida, alhora que enriquim l'entorn. De fet, hi ha una relació totalment directa entre enriquir l'entorn i enriquir-nos nosaltres.

Lògicament, no hem de donar mai informació a ningú que no la demani perquè seria interferir, però no la negarem mai a qui ens la demani. La nostra actitud és donar per enriquir la realitat i ho farem donant el nostre màxim, amb alegria i entusiasme, oberts a rebre.

No vull acabar aquest apartat sense comentar un aspecte que des de la perspectiva empresarial habitual pot ser polèmic. Estar disposat a rebre el que ens correspongui sense lligar-nos a expectatives concretes implica **superar la direcció per objectius**. Els objectius impliquen metes, però en realitat ens limiten.

En posar-me fites i objectius concrets a la meva vida, m'oblido de donar el meu màxim, ja que em centraré a aconseguir l'objectiu, en lloc de donar el meu màxim. Això provocarà una desviació de la meva energia, una limitació i no serà positiu.

Per exemple, quan ens proposem assolir un volum determinat de vendes o de beneficis i posem un objectiu concret, superior a l'actual. I això és limitar-nos a assolir només aquella xifra, aquella quantitat. Això limita la prosperitat.

Hem d'estar oberts a rebre el que ens arribi i no hauríem de concretar-ho amb nombres específics perquè ens limiten. **No sabem si la vida té previst donar-nos molt més que allò.**

En tot cas, si nosaltres donem el nostre màxim, hem d'estar oberts a rebre tot el que ens arribi; ja sigui monetari o altres beneficis diferents. Estar oberts a rebre-ho tot és una actitud ben diferent a limitar-nos marcant el que pensem que seria òptim rebre. La vida ja sap el que és òptim per a nosaltres i la nostra missió és obrir-nos a rebre-ho.

Per tant, hauríem de centrar-nos, des de la perspectiva del servei, en dos propòsits ben senzills:

> **1. Que el servei sigui excel·lent** per qui el rebi amb la meva màxima predisposició.
>
> **2. Acceptar el que la vida ens dóna** en compensació sense limitar-nos amb expectatives concretes.

I **per entrenar-nos a servir** podríem tenir presents tres aspectes:

> **1. Ser proactius** oferint-nos sempre els primers per fer el que calgui, no fer-nos pregar, estar sempre a punt per oferir el nostre servei de forma alegra i amb entusiasme.
>
> **2. Tenir sempre en ment el benefici que vull compartir.** Obert a rebre, però amb la intenció de beneficiar els altres. Cedir i canviar quan calgui per tal que el benefici que oferim arribi a bon port. Nosaltres no som els importants, sinó el benefici que oferim.
>
> **3. Gaudint del que faig**, és a dir, renunciar a queixar-me i, al contrari, viure el que faig com quelcom voluntari i, per tant, gaudir-ho. Servir a tothom sense patir per ells, ja que si pateixes no seràs confiable.

D'alguna manera, en seguir aquests consells ens fem corresponents de la llei de la compensació, que és una llei que gestiona l'àmbit de la riquesa material: qui dóna rebrà inevitablement.

Per tant, l'únic que ens ha d'interessar és oferir, a cada persona, a cada circumstància, el millor de nosaltres. **Ser capaços de servir donant sempre el màxim en pensament, paraula i obra i, alhora, estar oberts a rebre el que ens correspongui.**

5.5

Saviesa:

El coneixement evita el patiment

En moltes ocasions, el que predomina en nosaltres és la ignorància, el desconeixement. Cal que **busquem la saviesa**, que **trenquem algunes creences o idees que són absurdes** i que ens limiten mentalment. Amb saviesa deixem de patir i ens obrim a l'abundància.

L'abisme de la pobresa —de la no prosperitat— és el que no sabem. **L'abisme és la ignorància.**

Un exemple:

Habitualment, pensem així: *"Quan tingui, faré i llavors seré ric!"*

Però la vida funciona al revés: Perquè jo sóc qui sóc, faig el que he de fer i, en conseqüència, tinc.

Així que és important saber com funciona la vida, tenir saviesa per poder-nos alinear amb la pròpia vida sense contradir-la.

Heus aquí uns suggeriments que cal que meditis si vols anar a favor de la vida:

1. Renuncia als resultats

Segur que en moltes ocasions dónes el teu màxim, però els resultats no són els esperats, perquè no depenen exclusivament de tu.

Renuncia als resultats, perdona't o, millor encara, valora't. Avalua en què has fallat i aprèn la lliçó per no repetir-ho. Cada error ha d'anar acompanyat d'una avaluació.

RECORDA:

Quan algú posa les coses difícils, aprens; i aprendre és créixer

2. Evita les idees absurdes

A vegades, tenim pensaments absurds que poden intoxicar la nostra ment. Proposa't no patir mai. Cal que et netegis de les idees absurdes. Practica-ho i aconseguiràs idees certes que et portaran a ser lliure, ric i feliç.

RECORDA:
Sóc l'únic responsable del que penso, així que he d'obligar-me a pensar coses que m'ajudin, no que em boicotegin

3. Verbalitza les idees certes

Verbalitza o escriu les teves idees certes, les que t'ajuden i t'apoderen. Per exemple, anota-les en una llibreta; escriu-les com a recordatori al teu mòbil i repassa-les assíduament. Com més les repeteixis, més te les creuràs. Si són certes, expulsaràs les idees absurdes de la teva ment.

Per exemple: dir-te cada dia que vols ser feliç; que donaràs el màxim pel projecte que estàs preparant sortirà bé...

RECORDA:
A la teva ment no poden conviure dues idees contràries sobre el mateix fet, potencia les idees que t'apoderen i les falses cauran pel seu propi pes

Quines són les idees absurdes que ens fan patir?

A continuació, trobaràs 6 idees clau que limiten extraordinàriament la nostra vida i la nostra prosperitat. El dia que les puguis superar, la teva prosperitat podrà multiplicar-se fàcilment, la prosperitat econòmica i també la prosperitat en felicitat i en pau invulnerable.

Heu-les aquí:

1. El mal existeix

2. La injustícia existeix

3. El culpable existeix

4. La bondat és evitar el patiment als altres

5. Sóc el propietari de les coses que tinc

6. L'amor és un sentiment

Desmuntar aquestes falses creences sovint em requereix hores i hores de detallada explicació. En aquest llibre només farem una pinzellada, per si resulta inspirador i obre una nova perspectiva. Tant de bo et sigui útil. Però no ho argumentaré de forma llarga i detallada. Si intueixes la seva magnitud podràs abordar la vida amb molta més saviesa i, en conseqüència, els resultats a la teva vida seran molt més positius.

Anem a analitzar-les breument:

1. El mal existeix

Quan algú fa un mal —tot i saber-ho— creu que té un motiu per fer-ho. **Sempre actuem pensant que tenim raó**, que és el nostre punt de vista, ningú actua amb la intenció d'equivocar-se a propòsit.

Creure que el mal existeix obliga a lluitar contra ell i omple la vida de lluita i violència. **No hi ha mal, sinó ignorància**: coses que generen més o menys patiment. Tothom actua pensant que fa el que ha de fer. Pot haver-hi errors, però no mal.

2. La injustícia existeix

Existeixen **nivells de consciència diferents que provoquen una realitat o una altra de forma inevitable**. Tothom fa el que pot en funció del seu nivell de consciència i no pot actuar des d'un nivell de consciència que no té. Per tant, **la realitat que provoquem és inevitable en funció del nostre nivell de consciència**. No és quelcom just o injust, sinó un pas dins el nostre procés de creixement.

3. El culpable existeix

Si tothom actua en funció del seu nivell de consciència i la realitat és fruit inevitable d'aquesta, el culpable no existeix.

Cada persona fa el que pot. Hi ha gent més sàvia i gent més ignorant, però no són culpables del seu nivell de saviesa, igual com un infant de primària no és culpable del poc que sap.

No culpis els altres. **La culpa no existeix perquè cadascú fa el que pot**; cadascú sap el que sap. Si cal, et protegeixes de la seva ignorància, però culpar no porta enlloc.

4. La bondat és evitar patiments als altres

Al contrari, **en evitar els patiments als altres, els incapacites.** La bondat és donar el que necessiten si t'ho demanen, no ho poden fer sols i et correspon donar-ho. Per cuidar els altres has d'aplicar les set eines de les relacions excel·lents. Però interferir en la vida dels altres per evitar-los errors és fer-los mal. No poden aprendre i, per tant, no poden pujar el seu nivell de consciència.

5. Sóc el propietari de coses

En realitat, **ets administrador** del que tens. Per tant, estàs **al servei** de les coses i dels projectes, com ja hem comentat en un altre punt d'aquest llibre. No tens, administres.

6. L'amor és un sentiment

L'amor no és un sentiment, és **una decisió** de voler que els altres siguin feliços, que arribin a ser les persones que estan cridades a ser, i, per tant, pots estimar tothom, al marge que siguin amics, enemics o desconeguts. Les set eines de les relacions excel·lents ens ajudaran a estimar de forma sana, més enllà de les emocions del moment.

Quan superes aquests sis errors, la vida se simplifica enormement i s'omple de saviesa. Llavors, la prosperitat és molt més senzilla perquè deixes de lluitar contra els altres i et concentres en la feina i ho fas de forma joiosa i feliç. Generes les causes de la riquesa de forma natural i, per la llei de la compensació, acabes gaudint del que has generat.

Per poder multiplicar, de forma senzilla, la teva saviesa, et proposem que facis uns senzills exercicis d'alquímia mental. Així deixaràs de patir i podràs alinear-te amb la vida i la llei de la compensació. La prosperitat vindrà fàcilment cap a tu perquè tindràs més saviesa.

Et proposem 4 passos concrets per multiplicar, a la pràctica, la teva saviesa:

1. Pensa només coses positives

Davant una situació que et fa patir, **adona't que et falta saviesa per poder trobar el que n'has d'aprendre. Nega't a patir**. Pensa que el patiment és fruit de la ignorància. Aquest és el primer pas: rebutjar el patiment a la pròpia vida en lloc d'abraçar-lo com quelcom inevitable. Adona't que, si entens el que passa, deixaràs de patir.

Per tant, després de negar-te a patir, passa al següent pas per poder comprendre què has d'aprendre de la situació.

2. Agraeix i valora

Davant una situació adversa, dóna-li valor, adona't del valor que té per aprendre quelcom que encara no saps. **Pensa que és una oportunitat per créixer.** Quina oportunitat s'obre davant teu?

Per exemple:

> ***a)*** Que valuós poder-me enfrontar amb una persona poc culta, així aprenc a expressar-me amb major claredat.
>
> ***b)*** Que valuós poder tancar un negoci que no rutlla, ara sé com he d'estructurar-lo perquè no torni a fer fallida.
>
> ***c)*** Que valuós haver rebut una crítica de la clientela, així puc millorar els nostres processos interns.

Si sóc capaç d'integrar el que he d'aprendre de qualsevol situació, la meva realitat serà cada vegada més joiosa i pròspera. Si només pateixo per ella i no integro els aprenentatges, estaré condemnat a repetir els errors i la riquesa no serà possible.

3. Recorda que tothom ho fa al millor possible, no tenen la culpa del seu nivell de consciència, de les seves capacitats.

Sóc jo qui he de mirar de tenir més consciència i més saviesa per poder-me relacionar amb les diferents persones sense que els meus projectes estiguin en perill. Culpar els altres m'impedeix assumir la meva responsabilitat.

4. Desitja la felicitat als altres, desitja que aprenguin. Allibera't de la necessitat de venjança, deixa'ls marxar mentalment tot desitjant que siguin feliços. Si els mires amb odi o ganes de venjança, patiràs. El que vols fer als altres, t'ho fas a tu. Per tant, desitja el millor per als altres i dins teu tindràs pau i felicitat.

En conclusió...

Cal **pensar en positiu** i agrair. En cas contrari, viuràs en un món ple d'odi i patiment. Si apliques aquests 4 passos de l'alquímia mental, prendràs **el control de la teva vida.**

Quan cal aplicar aquesta alquímia mental?

- Cada vegada que pateixis
- Els dies de dificultat
- Cada vegada que malpensis

Aquest camí et porta a multiplicar la teva saviesa, i la saviesa et porta a la prosperitat. No fer-ho t'allunya de la prosperitat i la felicitat.

I això ens porta a preguntar-nos quines altres coses ens allunyen de la prosperitat. Quins són els obstacles que tallen la prosperitat?

6

Què bloqueja a la prosperitat?

En moltes ocasions, malgrat tenir ganes de generar riquesa a la teva vida, no ho aconsegueixes. Per què?

Existeixen **alguns bloquejos de la prosperitat** que ho impedeixen. Els següents són els més habituals. Si els evites, hauràs superat els obstacles més grans i la riquesa estarà molt més a prop teu:

1. Confondre funció amb vocació

Hi ha gent que creu que només pot treballar en allò que li agrada. Però la vida no sempre et permet treballar en la teva vocació. Quan siguis capaç d'estimar el que fas —encara que no sigui la teva vocació—, podràs treballar en qualsevol cosa i hauràs trencat un dels límits més habituals de la prosperitat.

No cal que la teva feina actual sigui la feina dels teus somnis per donar el teu màxim. Però **si no dónes el teu màxim**, si no estimes la feina que tens, **bloqueges la teva prosperitat.**

Potser la teva feina no és vocacional, però és la que tens i has d'aprendre a estimar-la. Fins que no ho facis, resulta difícil transcendir-la.

2. Pensar a ajudar els altres quan guanyis molts diners

Pensar a regalar molts diners quan en tinguis és un bitllet segur a ser bloquejat econòmicament perquè és una clara intenció d'interferir en la vida aliena.

Si ajudes algú amb diners, fes-ho a canvi d'alguna compensació, encara que no sigui econòmica: que et recomanin, que parlin bé de tu...

Recorda la diferència entre donar i regalar. **Si fas donacions, comprova que no acaben amb la font**, comprova que no generes dependència en els altres o la teva prosperitat s'aturarà en sec.

3. Per a què vols molts diners?

Fes-te aquesta pregunta. Si són per a coses que no tenen a veure amb la missió de la teva feina i que, per tant, no generen riquesa, benestar social..., per a què els vols?

Recorda: **el compromís ha de ser amb la missió, no amb els diners**; o la prosperitat serà molt limitada.

Has de tenir una missió i els diners serveixen per fer-la créixer. Aquest ha de ser el teu compromís si vols que els diners es multipliquin.

4. Sóc confiable? O tinc obligacions?

Si tinc obligacions i visc la meva vida laboral com un jou, no sóc confiable perquè, tan aviat com pugui, ho deixaré córrer. **Si penso que tinc obligacions no puc ser fiable**, no despertaré la confiança i la prosperitat serà lluny de mi.

Tot el que faig ha de ser perquè ho he decidit. Les accions del meu dia a dia són fruit de les meves decisions, i les decisions no poden ser obligacions quan ja som persones adultes, o la prosperitat serà impossible. Recorda el moment en què parlàvem que les obligacions no existeixen.

5. Amagues els teus valors

I, en realitat, els has de mostrar, potenciar. Recorda que **la prosperitat és filla de mostrar els teus valors de forma voluntària** i, especialment, els cinc valors que hem explicat en aquest llibre: confiança, compromís, lleialtat, servei i saviesa.

Si no tens aquests valors o no els mostres, com vols generar riquesa?

6. Si tens capacitat de servei...

Has d'estar **disposat a dir sí** amb alegria, donant el millor de tu, obert a rebre, i sempre, en qualsevol moment.

En servir donant el màxim, la llei de la compensació es posa en marxa i la riquesa està en camí. Sense voler servir, no tinc dret a rebre res perquè no hi ha res a compensar.

7

Conclusió i síntesi final

Aplica les eines que t'he proporcionat, procura no autobloquejar-te i la prosperitat serà un fet.

Recorda que l'**èxit** és inevitable quan:

1. Tens **relacions excel·lents**

2. Tens expertesa en alguna cosa i la poses al servei dels altres

3. Ets **fiable i mantens una acció constant i sàvia**: sempre dius que sí, amb goig, donant el teu 100% i obert a rebre

4. No bloqueges la riquesa

Això és el que he volgut ensenyar-te en aquest llibre.

Rellegeix-lo els cops que calguin fins que integris el que diu, fins que vegis que són instruccions totalment pràctiques per dur al teu dia a dia.

No patiràs mai més. Tindràs prosperitat.

La prosperitat és inevitable quan s'han conreat les virtuts interiors que la generen.

Tot comença dins nostre.

Made in United States
Troutdale, OR
11/03/2026

56844886R00049